CróniKa de una sociedad desoKupada de lo humano
José A. Alfonso

Colección Baños del Carmen

José A. Alfonso

CróniKa de una sociedad desoKupada de lo humano

EDICIONES VITRUVIO
Colección Baños del Carmen,
nº 1070

www.edicionesvitruvio.com

Primera edición, 2025

© Ediciones Vitruvio
C/ Menorca, nº 44
28009
Madrid
Teléfono: 91 573 21 86

ediciones vitruvio, nº 1. 789
ISBN: 979-13-991070-9-8

CróniKa de una sociedad desoKupada de lo humano

A quien se revela porque no quiere ser
«Un artista del hambre» (Franz Kafka)
y construye la magia de nombrar.

A mis hijas que teatralizaron «K»,
a su madre y a mí mismo
que okupamos un participativo
patio de butakas.

Proemio

Conspiro desde la k minúscula de la abuela que pasa frío, del migrante (o no) que pudo morir entre las llamas de un incendio provocado, de la niña sin luz ni escuela, del palestino asesinado por quien se escuda en humos pretéritos (quizá los verbos perseguir y matar sean justificantes o justificativos) y por sus cómplices, diplomados o doctores, erigidos en muro de defensa de protocolos insignificantes.

La K mayúscula tiene espacio en una hornacina construida para los días de fiesta, si los hubiera. O los días de muerte.

La k es una letra objeto de maltrato, vilipendiada. Esa es una de las razones por las que la admiro. Kafka murió tuberculoso, pobre y solo. Nos dejó, en contra de su voluntad, lecciones que el poder itera sin vergüenza. Los procesos endiablados (¿quién es el diablo al que culpamos?), el absurdo de un sumidero que no se atasca por más carne e ilusiones que triture. Aún no quiero dejarme llevar, apuro el último sorbo de una copa que no sé qué contiene (tal vez al mismo Sócrates), por el descrédito de una sociedad que ya no lo es porque ha sido dinamitada conscientemente para olvidarse del ser humano.

Por eso escribo y me acojo a la enseñanza de Úrsula K. Le Guin (de nuevo la ilustración de la k). Sus obras muestran la magia de nombrar: lo que nombramos ya existe por el hecho de ser nombrado. Quiero creer que lo imaginado ya existe por el hecho de ser imaginado y si existe puedo nombrarlo y escribirlo.

Okupemos lenguajes, kreemos palabras. Adopto la k para konstruir «*Crónika de una sociedad desokupada de lo humano*».

Esta krónica se tejió observando el entorno y se poetizó en *Versos y vértices*, sección del periódico *Aquí en la Sierra*. En octubre de 2022 se publicó el primer poema, en enero de 2024 el último. En ese tiempo, las historias con k minúscula ocuparon el papel bobina. Ahora esos versos se contextualizan con datos, citas, entrecomillados, reflexiones y caprichos. Respeto la temporalidad y la kronicidad en que vieron la luz y la sombra para que cada frontera, cada geografía, cada paisaje enraíce.

Versos y vértices son pareja, coincidentes en el ver.

CANCIÓN DE INVIERNO
[me matan, se enriquecen]

Regreso al frío fiel
que nunca abandonó
la piel de mi abuela,
el que buscaba consuelo,
entre lutos, en caldo aguado.

De niño soñaba juegos de nieve,
ahora ansío inviernos
que doblen la esquina
buscando despachos:
tórridos, cobardes, ausentes.

Los indicadores cuantifican,
los discursos prometen,
los productores amenazan,
ni una brizna de madera seca,
anuncia la televisión: cómplice.

Nos regalan el frío,
resopla sobre una foto vieja
enmarcada por desconchones de vaho,
el mismo aliento que limpió
sus gafas sin graduar

y calentó sus manos desolladas.
Vuelve el dolor y la sombra,
el frío de versos secuestrados
que adornan con mojama
de cartón, pellejo y telarañas.

Mi abuela otra vez tiene frío.
Y aunque está muerta, le han pedido

que se encoja, que haga sitio
a huesos desconocidos. En la fosa,
ni acompañada, podrá dejar de tiritar.

[octubre 2022]

El invierno acecha, se cuela por las rendijas, para mostrarse. Procesión que repite desde glaciaciones remotas. Así es su ser, su esencia desde siempre. Y si le conocemos, si nunca nos ha engañado prometiendo lo que no puede cumplir, ¿de qué le culpamos? Es un ejemplo incuestionable de la costumbre, individual y colectiva, de señalar responsabilidad ajena y preservar bondad en lo propio.

En octubre de 2022 (por contextualizar lo que es acontecer cíclico, repetitivo, cansino, vacío de contenido como las palabras que se deforman para adaptarlas a un significado deseado) el secretario general de Naciones Unidas, António Guterres, afirmó:

«Es inmoral» que las empresas petroleras y gasistas estén obteniendo ganancias récord en medio de la actual crisis energética. «Esta codicia grotesca está castigando a las personas más pobres y vulnerables mientras destruye nuestro único hogar».

Aunque la codicia pertenece al humano (directivo, empresa, gobierno o cómplice), el invierno sigue atento a cualquier indicio, a cualquier mandato, por el que deba modificarse;

14

ser más frío, más lluvioso, más templado, más seco. En breve, resonarán propósitos en una estancia caldeada. Hay quien denuncia el silencio de una sala vaciada en la que las palabras son sólo eco preso de discursos no resueltos. Anualidad inamovible, aniversario sin fiesta.

UNA VIDA LLAMADA PUCHERO

Han reducido la vida
al estrépito de hurgar
un puchero
de fondo rasgado.
Las uñas
hundidas en la madera
ya solo son arañazos,
sombras catalépticas
enterradas con urgencia,
sin diagnóstico.

[Olvidados.
¿Qué nos queda?

El sudor se levanta
goteando empujes sin ideas,
anegado por el cansancio
hundido de supervivencia,
y se acostará oliendo
a flores quemadas
que pugnan en campo seco
un grano de tierra húmeda,
arado de incertidumbres
taladas las estaciones.

Omitidos.
¿Quién nos ama?

Un beso despide el día,
sin fuerza, sin estrépito.
Cada lugar en la cama
es un hueco sin testimonio,
sin deseo.

Obviados.
¿Quiénes somos?]

Vestimos un traje a medida
cosido con velas de arpillera
raída, náufragas malheridas
de una deriva impuesta.
Un grumete decidió
la urgente vida de puchero.
No cabe protesta o amor,
tampoco vida,
cuando vivir sólo
es un puchero.

[noviembre 2022]

Existen rasgos que definen con exactitud imperecedera. No importa el tiempo que haya transcurrido, ni quienes lo protagonizaran. El círculo se agujereó convirtiéndose en sumidero. Y desde entonces, el elegido se ocupa de generar corriente y de mantener abierto el hueco.

«Un hombre no puede ocultar un estómago vacío, ese es un enemigo que causa muchas dificultades a los hombres, por eso se botan las naves para surcar el mar y hacer la guerra contra otros hombres».
La Odisea, Homero

Si obsesionas a un ser humano con sobrevivir nadie clamará pidiendo un rato de aliento, ni saltará la verja, ni sabrá de nenúfares, ni conocerá el placer. Estará ocupado en atender sus vísceras.

RAPIÑA GARRAPIÑADA

Yacía perdido, enredado
en una flor de invierno.
Cayó tras marchar en línea
de pancarta, reclamando
urgencia rapiñada.

Salió a la calle, desnudo,
enfrentado al ruido de sables,
rodeado de colores blancos.
Decenas de miles de
colores blancos.

Estetoscopio o fonendo,
ruidos marchitos,
sin aire en los pulmones
latido ausente, vestigio
de vida enterrada.

Silencio absoluto.
No oigo. Escucho la muerte
muda tras la batalla.
Enfermos desmembrados,
órdenes de palacio.

No sé si podré salvarte
pero no te enterraré,
te asilaré en mi cuello y
viviremos ahorcados
por un pañuelo de seda.

Tal vez el calor
de mi cuerpo rendido
te reanime. Es mi homenaje

a tus cuidados. Ya sólo
tengo ánimo.

Aviso: el turrón puede ser
un arma mortal. Es su mes.
Usted no se atragante,
decidieron que no existe
urgencia garrapiñada.

[diciembre 2022]

*El más ancestral de los cuidados se vislumbra
comatoso entre paredes alicatadas en blanco y
verde alimaña (decolorado). De la pared cuelga un
monitor desde el que un desconocido pregunta
¿qué le duele?, y contestas con la misma asepsia
que garantiza el médico (o lo que sea) que nunca
tocará tu dolencia. Son tiempos en los que se
negocian clientes enfermos, que cada vez más
dolientes, de vez en cuando encuentran un gramo
de hálito para decir No en alguna calle céntrica,
tal vez acompañados del que fue su médico si aún
no le han robado la bata blanca.*

*«Algunos pacientes, aunque conscientes de que su
condición es peligrosa, recuperan su salud
simplemente por su satisfacción con la bondad del
médico».*

Hipócrates, padre de la medicina
(el 13-11-2022 acudió a la manifestación de
Madrid)

CENIZA

He visto una sombra
calentarse las manos
en un contenedor de basura
que se estaba quemando:
¡Víctima probable
de ascua ajena!

Mil identidades arrebujadas
en telas de frío,
incapaces de hálito,
llamas de cierzo:
¡Pasado y presente
de soliloquio sin futuro!

Tras el cristal, el cubo tiznado
parece un pesebre
lejano y ruinoso,
mártir de un atraco:
¡Apenas quedan migajas
de alimento y desarraigo!

Una ola muere ahogada
con la boca abierta,
fango en la orilla,
desgajada de la marea:
¡Se oyen sirenas, aleteo
de luces y mangueras!

Alguien alertó al bombero,
el minutero es un carámbano
y el amanecer una suposición,
respirar una casa sin vigas:
¡A las doce cantará el gallo,
desafinando!

[diciembre 2022]

21

Sinhogarismo, sintechismo. Palabras sinónimas, no aceptadas por la Academia, creadas como descriptores por que los documentos de actuación, los planes integrales, los informes de gestión necesitan un buen encabezamiento: claro, conciso, sonoro y contundente.

A modo de proposición:

«Todo individuo tiene derecho a la vida, a la libertad y a la seguridad de su persona». Declaración de los Derechos Humanos (artículo 3).

En España el Instituto Nacional de Estadística cuantificó 28.552 personas sin hogar en la encuesta del año 2022. 7.277 en situación de calle, precisa el INE. Fuentes no gubernamentales las elevan a más de 33.000.

Y mientras se dirimen palabras y números, acciones y reacciones, escuchamos a lo lejos que la esperanza de vida de los sinhogaristas cae 20 años respecto a la de los contecho. Parece que las estadísticas se alían con los que piensan que es cuestión de tiempo o se aferran a la inexistencia de lo que no ven. ¿Alguien recuerda el nombre del alcalde de Madrid que en el año 2000 expresó sin ruborizarse la idea de crear un manifestódromo en la Casa de Campo? Así los díscolos podrían desahogarse sin molestar a los vecinos. ¡Cuidado sintechistas!

TE QUEMÉ

(Corre, corre,
¡que te pillo!,
versión 3.0)

Quemar viva la pobreza.

Los descansillos supuran
regatos de gasolina
y una cerilla rasca
sobre la vesania para
quemar viva la pobreza.

Están armados
los asesinos
del frío y del hambre,
los depredadores
del bien pensar,
los esclavos
del almidón,
los cómplices
del poder golpista,

y los arribistas
que pervirtieron la letra
para decir:
corre, corre
¡que te quemas!

Levanta, rápido,
no olvides
lo único que posees,
ese estigma sombrío
tatuado en la miseria
de un alfabeto

casi extinguido.

Corre, corre
¡que te quemas!

Éste no es tu rellano,
es el de alguien
que ni existe ni habita,
pero firmó ante notario
saber conjugar las letras
mientras tapian tu vida.

Corre, corre
¡te quemé!

[febrero 2023]

«Han intentado quemar vivas a un centenar de personas. Condenamos este atentado, que lo único que buscaba era quemar a varias decenas de familias que habitan un edificio abandonado».

El 28 de diciembre de 2022 la Asamblea de Vivienda de Villalba (Collado Villalba, Madrid) denuncia un incendio intencionado que afectó a dos bloques de viviendas del SAREB (abandonados hace más de una década) en el que vivían 140 personas sin recursos económicos. Los bomberos confirmaron la existencia de varios focos de fuego en las zonas comunes. Las llamas de gasolina anunciaron a las 7:30 el inicio de un nuevo día. 9 personas fueron atendidas por intoxicación de humo, 7 de ellas fueron hospitalizadas.

«Hemos pasado muchísimo miedo. Las campañas de estigmatización contra la gente pobre y que okupa porque no sabe dónde quedarse funcionan. La prueba es que hoy han intentado quemarnos vivos».

www.eldiario.es

En España 10,2 millones de personas son pobres. De ellas, 4,8 millones (el 47%) sufre pobreza severa.

EAPN España
Informe del estado de la pobreza 2022.

300 ESCUELAS BOMBARDEADAS

La primera bomba
explotó hace un año.
¿María estará viva?
Rusos y ucranianos
comparten fonética:
María es Mariya.

La última vez
que supe de ella
leía poesía
atrincherada en su sofá,
y pensaba en Lisístrata:
que castigó sin sexo
a los hombres y
puso fin a la guerra.

Un año después
la diplomacia de paz
discute tanques,
calibra cañones y obuses:
mide genitales
de patio de colegio.

Abuelas sin nietos,
niñas sin escuelas,
escuelas sin maestras,
maestras sin libros,
libros titulados:
14.000 niños secuestrados,
8.000 civiles muertos,
8 millones de desahuciados.

¿Dónde estará Mariya?

Svetlana Alexiévich escribió:
"La guerra no tiene
rostro de mujer".

[marzo 2023]

El Día Internacional de la Educación, argumenta Naciones Unidas, fue proclamado "en celebración del papel que la educación desempeña en la paz y el desarrollo".

La paz y el desarrollo encarnados en escolares que pierden cualquier argumento de futuro (emocional, educativo, cronológico) acuciados por sobrevivir a la violencia.

Ucrania. Más de 1.000 escuelas atacadas por Rusia. 95 destruidas. Associated Press, 18/05/2022.

Chernihiv. Un grupo de niños ucranianos visitan sus escuelas en ruinas por los bombardeos rusos.
El País, 31/08/2022.

Lugansk. 60 muertos en el bombardeo de una escuela.
Euronews, 08/05/2022.

Mariúpol. Rusia bombardea una escuela en la que se refugiaban 400 personas.
BBC, 20/03/2022.

750 centros educativos dañados o destruidos desde que comenzó el conflicto en Ucrania oriental en 2014.
UNICEF, 02/05/2019.

ME DUELE EL PODER

El poder es sordo,
por eso chilla
vestido de luces
y nos da muerte
un día de sangre.

El poder es ciego,
se deslumbra en el espejo
con luces que disparan
balas enamoradas
de sí mismo.

El poder es mentiroso,
habla lenguas muertas
y se reúne con eruditos
para certificar que
no hay traducción.

El poder es un alféizar
de plastilina,
brea caliente en la que
los pájaros entierran vuelo
buscando migas de pan.

El poder son enciclopedias
que nadie lee
porque arrancaron las palabras,
diques sepultureros
de mares ahogados.

El poder es codicia,
la del poderoso eximido
de escuchar,

ver
o decir verdad.

El poder no existe,
es el invento
de versados incapaces
que tintinean soberbios bolsillos
jodiéndonos la vida.

[mayo 2023]

No es el tiempo el que desvirtúa el significado de las palabras. Ni siquiera los cambios justificados por la evolución o el uso social, si se prefiere, que es la excusa argumental de quienes controlan terminologías, el relato como se suele decir.

La palabra poder proviene del latín a través del vocablo potêre, creado sobre ciertas formas del verbo latino posse. Se refiere a la facultad de hacer. Y en esa evolución, la facultad de hacer torna en condicionar, estrujar y matar (muertes en vida) en beneficio propio.

El 1,2% de la población mundial (62 millones de personas de un total de 4.400 millones de adultos en el mundo) concentra el 47,8% de los recursos. Mientras, el 53,2% (2.800 millones de adultos) tiene solo el 1,1%.
Informe de riqueza. Credit Suisse, 2023.

¿Hay peor muerte que sobrevivir cada día a las puertas de un panteón ajeno? Las células se marchitan por falta de riego. Alguien decidió

techar el agua de lluvia para no mojarse los zapatos. Desde ese día por las calles transitan pies descalzados, agrietados, sedientos, exentos de destino.

ONOMATOPEYA ELECTORAL

¿Cómo suena el voto
al caer dentro de la urna?
Un sobre, un sonido:
encierra deseo
y destila color cautivo.

[¡Crag!] roto (óxido)
o urgente [¡niinoo!]
pide paso [¡ejem, ejem!]
[¡chop, chop!] (blanco sucio)
rodeado de desconocidos.

Génesis (alabado voto)
para cuatro años guturales,
urdidos en penumbra,
donde la garganta
es hueco y la luz abismo.

Reposa [¡beee!] en
pesebre, descansa
[¡oenc, oenc!] oliendo
cómplices y pugna
vender lisonjas.

[¡Chsss!] Silencio.
La brisa marina,
hálito para el vuelo,
se ha tamizado [¡tururú!]
en soplido de corneta.

Lección sin responsable,
delito de nadie,
delirio [¡aj!] de

herrumbre mordida.
Yo no he sido.

[¡Tic-tac! ¡Buuum!]

[*junio 2023*]

La onomatopeya es un sonido esencial. Nace de la sorpresa, del enfado, de la alegría, del amor, del odio, de la imitación de lo indefinible. ¿Quién decidió que los cristales rotos son «crag» y el disparo de un fusil «pum»? Seguro que quien lanzó la piedra y quien apretó el gatillo. Lapidados y fusilados no escriben la historia.

Expresión del sentimiento que vocifera, porque la onomatopeya necesita exceder tono, timbre y volumen para hacerse un hueco entre las palabras de discursos repetidos que, como las monedas, siempre caen en la misma hucha.

¿Cómo suena un voto al caer en la urna? Los muelles del colchón dicen «¡ñeeec, ñeeec!» tanto en las noches de amor como en las de pesadilla.

«El arte de vivir se asemeja más a la lucha que a la danza».
Marco Aurelio (161 y 180 d. de C.)

Somos incapaces de distinguir sonidos primarios, alentamos largas peroratas y enmudecemos exhaustos antes de llegar al campo de batalla. Perder la fuerza por la boca, que decían las abuelas.

«Solo sé que no sé nada».
Sócrates (470-399 a. de C.)

GOBERNAR CENIZAS

No existir (o enterrar)
¡Cómo! ¿Cómo? Como
propuesta política:
polis-pútrida-pérfida.

Las letras no mienten,
la explosión bilabial
(belfos enmarañados)
son los Budas de Bãmiyãn
cargados de dinamita.
Afganistán está
en la esquina que conoces
vestido de traje y corbata
presto a volar la biblioteca.

Hay muertes consentidas:
diluir una vida en otra vida,
el asesinato de tu vecina,
libros crepitando,
cerrojos herrumbrosos,
estar a la orilla del río
y no mojarse los pies,
palmípedo-pazguato.

Ministerio, ayer.
Misterio, mañana.
Ministro, desaparecido.
Mísero, futuro.
Mis, robo.
El alfabeto se descompone
en pesadumbre,
letras pálidas,

perdidas en alusiones
que parten en pedazos
palabras y pulsos.

Lamentar la arena
convertida en ceniza.
Será más tarde.
Ahora no.
Se acumula el trabajo,
hay que llevar al sótano
areniscas y lágrimas:
el Templo de Baalshamin
y a esa mujer que
murió en el rellano
de cualquier escalera.

[julio 2023]

Voto	*ideológico*
Voto	*militante*
Voto	*útil*
Voto	*primerizo*
Voto	*indignado*
Voto	*de castigo*
Voto	*costumbrista*
Voto	*de la nariz tapada*
Voto	*meditado*
Voto	*de última hora*
Voto	*comprado*
Voto	*sugerido*
Voto	*obligado*
Voto	*robado*
Voto	*cedido*
Voto	*nulo*
Voto	*blanco*
...	*...*

Dice la R.A.E.
voto
Del lat. votum 'promesa hecha a un dios', 'deseo'.
m. Expresión pública o secreta de una preferencia ante una opción.
m. Gesto, papeleta u otro objeto con que se expresa una preferencia ante una opción.

De un tiempo a esta parte, votar se asemeja a confeti diseminado en cualquier acera. De colores, formas y tamaños diversos, que nadie distingue una vez cumplido el objetivo: el montón. El guardián de la calle también es dueño de la escoba que barre los papelillos y los esconde bajo cualquier alfombra. Cada vez hay más bultos en las esquinas, son montículos de hambre. Se acumulan como los materiales de construcción en las zonas de acopio. El capataz los observa desde un despacho de cristales tintados.

CENSURA VERTICAL

[F] ábrica de ignorancia
[a] licatada hasta el techo,
[h] iela tu corazón: censurado,
[r] esquebrajado por gritos que
[e] narbolan trapos raídos,

[n] acen de la negación: destruyen,
[h] errumbre sin cerebro,
[e] nfatizan: ¡No! ¡Nunca! ¡Nadie!,
[i] nmortalizando muerte,
[t] rotando fantasmas.

[4] (---) libros de hollín escarmentado,
[5] (---) teatros pasto de las ratas,
[1] (---) poeta fusilado.

[R] escoldo
[á] cido
[y] agado.

[B] estias y espantapájaros
[r] egresad al pozo
[a] ceitoso y fracturad vuestros
[d] etritus entre
[b] abas, vómitos,
[u] ngüentos constituyentes y
[r] aciones de odio,

[y] ermos sois: cal, tumba desierta.

[agosto 2023]

36

El papel de los libros arde a «451º Fahrenheit» (232,8ºC). En 1953, Ray Bradbury publicó esta novela, que describe una sociedad en la que los libros, prohibidos por el gobierno, se quemaban.

Setenta años después de «451º Fahrenheit», España desciende cuatro puestos en la Clasificación Mundial de la Libertad de Prensa 2023 de Reporteros Sin Fronteras, desde el 32º al 36º. Es una calificación tal vez difícil de objetivar que observa las dificultades impuestas al oficio de contar lo que pasa (no hay estudio del auto, de lo propio de cada individuo, más de piel y alquiler).

Alcaldes censores (por devoción y/o empuje asociado), ediles expertos en el siglo de Oro, santurrones y gazmoños afectados por la homosexualidad, el feminismo, la memoria histórica, un maestro republicano, las diferencias entre ricos y pobres, los versos de un poeta.

Virginia Woolf trató en «Orlando» la sexualidad femenina, la homosexualidad, el papel de la mujer en la sociedad y como creadora literaria.

CENSURADA

«Buzz Lightyear», dos dibujos femeninos se besan.

CENSURADA

«La Villana de Getafe», de Lope de Vega. Alerta por insinuaciones sexuales. La comedia, publicada en 1620, muestra las diferencias sociales entre ricos y pobres, y realza la importancia de la mujer.

CENSURADA

«El mar: visión de unos niños que no lo han visto nunca» cuenta la historia del maestro republicano Antonio Benaiges, asesinado en Bañuelos de Bureba, donde daba clase, el día siguiente del golpe de estado de 1936. Su cadáver sigue desaparecido.

CENSURADA

El Ayuntamiento de Madrid retira los versos de Miguel Hernández elegidos para esculpirse en el Memorial de la Guerra Civil en el cementerio de La Almudena.

CENSURADOS

TE BESÓ EL FÚRBOL

Diferenciar sí y no.
Ofrecer u obligar.
Escribir femenino
o emborronar.

Líneas difusas
escondidas en negro,
direccionadas al museo
del garrote vil,
del sometimiento angosto,
de la pañoleta negra
excusada en el frío
cuando, de verdad,
esconde luto, noche,
tiempo marchito:

obedece y calla (Mujer)
violación y progenie,
nonato y ya juzgado
no culpable / no inocente,
lacrado por las plumas
carroñeras de cielo y tierra.

Exhibición de lo que fue
(es). El pretérito se
escabulle al presente
y engalanado en victoria
se resuelve impune,
inmune, porque Él
se autoproclamó
inviolable.

Agresión y tradición

comparten sufijo.
Estás acorralada entre
la reja que protege
encarcelando la ventana
y un pecho babeante
que empuja gobernar
un espasmo.
Gime un pétalo de geranio
al caer al suelo como
una gota de sangre.

¡Gol!

[septiembre 2023]

El gol es una expresión de deseo. También el breve discurso (tres letras) para desprenderse de la realidad, habitualmente adoptando como propio el pateo ajeno. Y quizá sea un paisaje soñado, casi un dibujo animado. El gol se ha convertido en la épica de un conjunto de perversiones de las que no se puede discrepar a riesgo de acabar pisoteado en el graderío.

¿Y qué ocurre cuándo un beso no consentido salivado de euforia asalta la hora de máxima audiencia? ¿Alguien contabiliza los arreones ocultos?

El fútbol origina unos ingresos de 8,3 billones de euros. El análisis tiene en cuenta los ingresos de las 20 ligas más fuertes del mundo. Si el fútbol fuera un país, ocuparía la décimo séptima posición en la economía mundial.

Football Money League. Deloitte

En España el fútbol profesional generó 18.350 millones de euros (efectos directos, indirectos e inducidos) en la temporada 2021-2022. Esa cantidad equivale al 1,44% del Producto Interior Bruto. Los aficionados gastaron 6.522 millones de euros.

Impacto socioeconómico del fútbol profesional en España. KPMG

ATRAPADAS

Busco en el inicio
de las palabras. Hoy

me detengo en «patri...»,
raíz que descubre
historias de
nudos corredizos,

porque «patri...» huele
a cáñamo empapado
de miedo, de sudor,
de sangre, de llanto.

Los patricios hablaron
privilegio de cuna,
la doctrina de Patricio
afirmó que el cuerpo
era obra del demonio.

El hombre patrinquea,
que es lo mismo que
rehuir el enfrentamiento,
pudrirse en lo establecido.

El patriarca obliga leyes
que sostienen el patriarcado
de un mundo pintarrajeado:
patrilineal, patrimonial y patriótico.

Patria: linaje del padre.
Mujer convertida
en útero y falda:
rasgada.

Hasta bautizaron Patriot
a un misil tierra-aire,
desde entonces el
Sol alienta escombros
incapaz de resucitarlos.

«patri...»,
¡desigualdad y muerte!

[octubre 2023]

La palabra «patria» proviene del latín. Es la forma femenina del adjetivo «patrius-a-um», que se refiere al padre, también a los antepasados (masculino).

«Matria» espera turno, aún ausente de diccionario. Parecería apropiado que el origen del nacer fuera útero. (Sólo es una opinión. Formalmente un neologismo que sobrevive en la literatura). Los derivados, esos sí, testosterona de la peor calaña.

Diccionario filosófico
«Patria es la reunión de muchas familias, y así como ordinariamente sostenemos a la familia por amor propio, cuando no media un interés contrario, por ese mismo amor propio sostiene cada individuo la ciudad o la aldea de su nacimiento, que llamamos su patria. Cuanto más grande llega a ser la patria, menos la amamos, porque el amor dividido se debilita. Es imposible amar tiernamente a una familia muy numerosa que apenas conocemos».

Voltaire, 1764

43

ODIADOR PÚBLICO

Patología de la estupidez:
ignora y no pregunta, insulta.
Y así, cava un agujero
profundo e ignoto,
cadáveres no te faltarán.
Alguno taponará oquedad
sin morir. Voluntarismo.

Hater te dicen,
insuflando cualidad
fonética de otra lengua
a la antigua mala baba,
ahora profesionalizada,
que paseó en guerra,
enlutó de hambruna
y hedió entre amapolas.

Prefiero la rotundidad:
odiador es la palabra,
sin equívocos,
tribuna abierta de bilis.

El sarcasmo es sarcoma,
la portera galdosiana
un guerrillero acodado
en la silla de enea,
La Celestina un proxeneta
de ácida lluvia vírica,
la palabra una estocada.

Odia todo,
alienta el experto.
¿Aunque no odie?,

preguntas.
Sí. Sólo sé rápido.
¿Respeto la ortografía?
Da igual: (h)iere.

La tecnología, titulan,
provoca tristeza, ansiedad,
enfermedad y muerte.
Ni una línea sobre el escriba,
ni siquiera
como efecto secundario.

[noviembre 2023]

Una mañana de inverno me acerqué a la estufa. Me quemé. ¡Qué descuidada la estufa! No avisó al frío de que no se acercarse tanto. En primavera llegó tu primera imagen a la pantalla de mi teléfono. ¡Cuánto te echaba en falta! Un descuido desenfocado me puso sobre la pista de tu deslealtad. Pasaron los días y no repetiste la llamada. En verano el insulto de alguien que no conocía se convirtió en agobiante rutina. Sudé letras afiladas hasta la llegada del otoño. Fue entonces cuando comenzaron las primeras protestas. Las manos se manifestaron durante días ocupando las plazas, tecleando una revuelta que creció en espiral incontrolada.

—¡Maldita tecnología!, me dijo el hombre que vendía móviles a mitad de precio.

Casi el 60% de las niñas y adolescentes sufren acoso online, una de cada cuatro siente que su integridad física está en peligro y casi la mitad está de acuerdo en que el acoso que sufren en las

45

redes sociales es más intenso que el que sufren en la calle.

Estas son algunas de las conclusiones del informe "Comentarios negativos en las redes sociales", de la Fundación MAPFRE y la Universidad de Deusto. Este estudio releva datos como que las mujeres son de lejos las más afectadas en este tipo de situaciones. Llegan a sufrir hasta más del doble de inseguridad que los varones (22% en mujeres y 8% en hombres), de miedo (6% y 1%), de problemas de alimentación (10% y 2%), de problemas de sueño (15% y 9%), de tristeza (22% y 11%) y nerviosismo (25% y 12%). datos que ponen de manifiesto el gran impacto que tiene el ciberacoso en la salud mental y física.

«¡Oh locas, que no es libre la nave sin gobernador, no, mas desamparada; no es libre el muchacho sin maestro, mas desmandado y erradizo y desvariado. Así bien la mujer sin marido, es puramente lo que suena su nombre de viuda, es a saber, sola, triste y desamparada».

De institutione feminae christianae
Instrucción de la mujer cristiana
Juan Luis Vives March
Año de publicación 1523

MÉTODO SIN RAZÓN

Mis sentidos huyen
doloridos de sentir
[oído: refugio – sordera]

buscan acomodo
en algún lugar tranquilo
[vista: búnker – ceguera]

en el que la palabra
no sea falaz, ni insulte,
[olfato: guarida, anosmia]

y las olas del mar
no sajen con sal las heridas
[tacto: fortín – anafia]

de mis pies cuando
acaricien la orilla
[gusto: albergue, ageusia].

Enfermo cada sentido
y lo atrinchero de
tribunas y calles.
Ya he encontrado
los nombres que me alejan
de sus miserias.

Repaso noviembre:

—9 N "nos han colado una
dictadura por la puerta de atrás".
—14 N 30°C en otro año
"sin cambio climático".

—20 N (y alrededores)
al grito de "soy franquista.
Tú eres el dictador".
—25 N se matan
mujeres, sólo por serlo.

Me aíslo por supervivencia.

Hay presidentes de gobierno
que visten motosierras.

[diciembre 2023]

Atenas, cementerio del Cerámico 431 a.C.

«Nuestra política no copia las leyes de los países vecinos, sino que somos la imagen que otros imitan. Se llama democracia, porque no sólo unos pocos sino unos muchos pueden gobernar. Si observamos las leyes, aportan justicia por igual a todos en sus disputas privadas; por el nivel social, el avance en la vida pública depende de la reputación y la capacidad, no estando permitido que las consideraciones de clase interfieran con el mérito. Tampoco la pobreza interfiere, puesto que, si un hombre puede servir al estado, no se le rechaza por la oscuridad de su condición».

Discurso fúnebre de Pericles
(recogido por Tucídides)

El Discurso fúnebre de Pericles puso en valor el diálogo, la participación ciudadana o la democracia ateniense frente a la oligarquía espartana durante la guerra del Peloponeso. Acertado o no, fue un discurso que casi 2.500 años después forma parte de la historia. ¿Qué sucederá con los mensajes de 250 caracteres escritos por los "políticos" que se hostigan sin piedad para ser el gobierno exclusivo de la "polis" que no existe? ¡Sociólogo, una profesión de riesgo!

RESISTENCIA DE MATERIALES
(Pensando en Margarit)

Me miro en Joan Margarit,
leo sus versos:
«Cálculo de estructuras».

Y sus palabras
me preguntan
sobre la resistencia
de los materiales
navideños: presión,
tensión, ignición de

las cintas de espumillón,
las bolas del árbol,
las bombillas led,
las paredes del belén o
las patas de camellos,
burros y bueyes

para no romperse,
no deformarse
no deteriorase,
no cambiar.

No existe tabla definida.
Las magnitudes son volátiles.
18.000 muertos cuelgan
de los hilos del espumillón,
que, tensionados,
no se deshilachan.

Camellos, burros y bueyes
caminan entre escombros,

sus patas aguantan la torsión.

Bolas y luces esquivan
los añicos de los cristales
rotos por las bombas.

Las paredes del belén
son imperturbables
de hormigón y olvido.

[diciembre 2023]

¿Cuánta tensión soporta un ligamento? ¿Cuál es la dureza de una tibia? ¿Qué torsión soporta un estómago exento de pan? ¿Qué efecto provoca el impacto de un diamante en un cráneo?

Diamante, Adámas. Su nombre, significa indeformable o irrompible. Y como las palabras se ordenan en alfabeto, Adámas casi toca con la punta de los dedos el verbo Adamar: amar con vehemencia. ¿Se puede calcular la flexión del amor en el interior de la burbuja que brota con rigor temporal sin atender a estímulos?

Resolver un problema de resistencia de materiales requiere cálculo de esfuerzos, análisis resistente y análisis de rigidez.

Gracias, Joan Margarit por versadas ecuaciones. Números y símbolos pernoctan en el desván de las palabras y se ausentan de las fiestas de guardar.

A CAPA Y ESPADA

Una mañana de invierno
—temperatura de abril
y tos de enero—
vi un pájaro volando
marcha atrás, como
si hubiera encontrado
el camino.

Me recordó la "moviola"
que los lunes restituía
patadas y penaltis.
Entonces éramos niños
y el mundo indiscutible:
la televisión incolora
y la educación un cura
prescribiendo hostias.

No sé si ese pájaro,
ceniza desplumada,
es el mismo que,
desde hace años,
aletea exhausto y aturdido,
sin brújula ni destino.
La rosa de los vientos
enloqueció el día que
atornillaron la flor de lis
con lanzas en punta
lubricadas por
coágulos de sangre.
Siglos de lienzos ocupados.

El pájaro ha caído
como una plomada

sin casa. Dudo
socorrerle o
darle sepultura.

[febrero 2024]

Los cines de sesión doble y continua murieron y el drama fue par, como las proyecciones de sábado por la tarde. La orfandad de niñas y niños fue el primer dolor. El recreo fue intemperie, la butaca banco, la aventura parque. La segunda orfandad fue la de nobles y villanos, piratas y vaqueros, héroes y farsantes que desde entonces deambulan por las esquinas. Intentan ser discretos porque temen el arresto. ¿Y qué es más ridículo que un celuloide escondido en una caja de metal?

Ha pasado el tiempo y algunos desempolvan maquillajes con algarabía y fanfarria. Casi celebración de justa. Los cines son macro tiendas y la sede de algún gobierno telar y atrezo en la que se corona gran dama, a cruz y espada, con distinción militar. Alguien robó el último fotograma: Fin o The End, y la bovina gira desbocada.

INTIMIDA[D]

Hoy he vuelto a oler
la muerte en su mirada.

Hablaba con las manos,
ésas que abofetean
el aliento de mi suspiro,
que aún hipa por un beso
hurtado, 1 entre 7.291.

Las palabras no son malvadas,
la maldad escupe palabras.
La muerte no es palabra,
la tribuna es muerte dicha:
*«No se salvaban
en ningún sitio»*,
—constata el diario
de sesiones.

Tu anciana yace desnuda,
como la mía,
a la intemperie del olvido.
Ha muerto. No grites.

Tu dolor es una ventana
cerrada, tabicada
con mascarillas robadas.
Taponaron el espacio
entre los barrotes
con cera roja
de lacre coagulado
para sellar tus ojos
ávidos de una última vez.

Dice que habría
muerto igual,
que la muerte se desbocó
y la atropelló
como lo hace
un caballo salvaje.

Busco un papel tembloroso
de caligrafía y miedo
por si me hubieras
escrito un verso.
No lo encuentro.
Silencio político para
proteger tu intimidad
(afirma) de muerta.

[marzo 2024]

Palabras desbocadas. Transitan. Corren. Caen entre más palabras. Montonera de orden institucional. Ocultas en la transparencia, administración del olvido social. ¡Qué difícil es recordar cuando ni siquiera has enterrado a quien lloras! O te crees los periódicos o buceas en un mar de letras taquigrafiadas del que desconoces latitud y longitud, peces y pecios, llamadas de auxilio y ahogados, temperatura y sal. Ellos están vivos en un tapiz de letras. Yo muero ahorcado por un discurso que quebró la vida.

Diario de sesiones de la asamblea de Madrid.
Número 141. 15 febrero 2024
https://www.asambleamadrid.es/static/doc/publica ciones/XIII-DS-141.pdf

Página 6394

La Sra. PRESIDENTA DE LA COMUNIDAD (Díaz Ayuso. - *Desde los escaños.*): ¿Y sabe lo que sucedió? Que había muertos en todas partes: en las casas, en los hospitales, en las residencias...

Página 6395

Todo colapsado. ¿Y sabe lo que sucedió también? Que mucha gente mayor, cuando iba a los hospitales, también fallecía, porque cuando una persona está gravemente enferma... *(Rumores).*

El Sr. PRESIDENTE: ¡Silencio, señora Delgado!

La Sra. PRESIDENTA DE LA COMUNIDAD (Díaz Ayuso. - *Desde los escaños.*): ... cuando una persona mayor está gravemente enferma con el covid, con la carga viral que había entonces, no se salvaba en ningún sitio. Y ustedes, sin ningún tipo de humanidad... *(Rumores).*

El Sr. PRESIDENTE: ¡Silencio, señorías!

La Sra. PRESIDENTA DE LA COMUNIDAD (Díaz Ayuso. - *Desde los escaños.*): ... les niegan la verdad a todas las personas que han fallecido en España entera, ¡en España entera! *(Rumores).*

TARDE EN LAVAPIÉS

La colina amaneció
coronada por unas fauces
que, aún enterradas,
dentellaban
tierra y miseria
con orden y violencia.
Falló la aleta dorsal,
chivato del peligro,
porque nació
al horizonte cuando
siete látigos de hueso
ya hendían la carne,
y no hubo tiempo para
recoger cuatro aperos
descriptores de vida.

Bocas gritadas,
unas de dolor
otras al infringirlo,
en una lucha que
no lo es, porque
la piel negra siempre
cae en alquitrán,
sin refugio,
aplastada por almidón
y cuero lustroso:
¡onomatopeyas
del fuego inquisidor!

El tiburón boquea triunfo
sin saberse muerto
[¿no le llegó el oficio?],
la piel se cuartea

lastrada e indefensa.
Alguien legisló
para ocultar la ira
consolidando miles
de artículos ininteligibles:
expresiones contradictorias
referidas a seres humanos
degradados por ser humanos.

Otra tarde más
la colina mordida y
el futuro apaleado.

[abril 2024]

La necesidad de definir y clasificar a los seres humanos destila el reflujo emérito (¡inexplicables concesión y longevidad, de logro y homenajeado!) de agua estrangulada por plantas extemporáneas que ahogan oxígeno, vida.

En 1749, el naturalista francés Louis LeClerc (conde de Buffon) utilizó la palabra «raza» refiriéndose a animales domésticos, principalmente. Y a partir de entonces la corte desgracia, que une ausencia de risa y dolor, hace frontera de la orilla y draga las diferencias porque lo blanco es blanco y lo negro es negro. El ánimo de clasificar evolucionó en jerarquía y el orden jerárquico en control coercitivo, que tres siglos después, actúa apaleando la ausencia de futuro, la inexistencia, la marginalidad propugna desde una tienda de venta de pinturas monocapa unicolor.

National Human Genome Research Institute
«La raza es un concepto cuya definición no está aceptada en forma general. La raza ha sido un

58

concepto desarrollado en el siglo XVIII para clasificar a los seres humanos en base a su apariencia física, social y origen cultural. El término raza ha sido utilizado históricamente para establecer una jerarquía social y ha sido utilizado para esclavizar a los seres humanos. Los grupos raciales no tienen límites definidos, pero tienen una relación borrosa e imprecisa con la variación genética humana y los grupos de población en todo el mundo».

MATAR LA MEMORIA

Asunción y Paco:
¡a la zanja!,
escarcha y oscuridad
de señorito culpable,
los inocentes yacen.

Frota con fuerza,
(increpa el capataz)
raspa con energía,
y si te sangran los dedos
no temas,
la sangre coagulada
decapa la memoria
y barniza el olvido.

Balaguer desahuciada
de cereal, paja trillada.
Rabal expulsado
al extrarradio.
Etimologías para que
ni muertos les dejan
estar juntos, custodios
de su plaza letrada.

—Rápido, apúrate,
(sentencia el pisaverde),
obrero ya amanece
y tu mono clarea azul,
casi canto de
Milana bonita.

Trino convertido

en carraspera
borracha y
brindis de cicuta.
El pueblo:
Sócrates exhausto.

[mayo 2024]

Hay nombres que asustan. Y muertos que cabalgan sin ser Cid porque no eran mercenarios de soldada. Dan miedo porque pertenecen a una memoria impropia, por ajena no por ausencia de cualidad. Francisco y Asunción. Rabal y Balaguer. ¡Dos en uno! Plaza y Casa de Cultura.

Demasiado para un alcalde al que nadie recordará excepto porque su superiora le ordenó dar marcha atrás. Frenazo en seco. Parón. Quien actuó de freno de mano no restituye sólo dispone oportunidad. Tiempo habrá, seguro. Interruptus, sin coitus.

suiZidio

Segar es un verbo
ungido de esperanza,
inmaculado trigo
cortado en esplendor,
idea de alimento futuro,
día espigado de luz,
intenso abrazo de
origen equívoco.

Soledad es un sustantivo
urgente y abandonado,
insolente e ingobernable,
concupiscente del abrazo
inferido,
dolor que marchita,
inquietante y
objetivable.

Segar es gobernar
urgencia sin ojos,
inmaculadas
columnas sin frontispicio,
ideas sin ventanas
dormidas al grito
inmenso, ausente de voz,
oreado de heridas.

Soledad es afirmar No,
uncir los dedos al aliento,
incitar la mar al estrépito,
cortar las cánulas de savia,
identificar agotamiento,
Dicen: «cosas de niños»,

idealizando una sociedad
ocupada en estatus vacíos.

[junio 2024]

*No quise decir nada. Sólo escuché. Oí el chirrido e
imaginé. Nunca más buscaré el prospecto.
Prometo romper los formularios que higienizan el
desasosiego colectivo. Ver tocando la carne. Sin
preguntas. Sintetizando todas las incertidumbres
en un abrazo.*

*El suicidio es la primera causa de muerte entre los
16 y los 29 años, en España. Supera las muertes
por accidentes de tráfico y cáncer.*

Instituto Nacional de Estadística.

4.227 personas se suicidaron en España en 2022.

*Plataforma Nacional para el Estudio y la
Prevención del Suicidio.*

*En España existen 6 psicólogos por cada 100.000
habitantes. La recomendación es que los sistemas
públicos de salud dispongan de 50 psicólogos por
cada 100.000 habitantes.*

*Diálogo tras un encuentro fortuito en el metro
de Nueva York. El blanco, un profesor de
universidad culto y acomodado, desea suicidarse.
El negro, marcado por una vida de violencia y
adicción, intenta evitarlo:*

«*Blanco: Tal vez quiera el perdón, pero no hay nadie a quien pedirlo. Y no hay vuelta atrás. No se pueden arreglar las cosas. Quizá en otro tiempo. Ya no. Sólo queda la esperanza del vacío. De la nada. Yo me aferro a esa esperanza. Ábrame la puerta. Por favor.*
Negro: No lo haga.
Blanco: Abra la puerta».

El Sunset Limited
Cormac McCarthy

YOCTOSEGUNDO

—¿Ha usado IA?,
me pregunta el RPI.
—No. Yo soy mi algoritmo,
contesto—. Habitante único
de mi propiedad intelectual.

IA:
red neuronal muerta,
red atrapa vida,
red agostiza,
red come niños,
red mata peces,
red-relinga-ahogado.

Algunos nos impusieron
el yoctosegundo
(cuatrillonésima parte de uno)
¡a qué tanta prisa!
para extinguirnos.

Los gobiernos urgen
normalizar un tiempo
que sus piernas no corren,
cojo, cojera, nudo-cojo,
boleados, atados
patas arriba,
ganado de redil.

Yo sólo quería

[un haz de versos rasgados

alguna historia soñada
difuminar un amor]
registrar mi libro.

IA: inteligencia artificial
RPI: Registro de la Propiedad Intelectual
[julio 2024]

No estoy preparado para que me gobierne un algoritmo. No sé usted. Cincuenta años después perpetúo sin responder preguntas escolares como la definición de logaritmo, ¡cómo para entender el algoritmo! ¿Qué no son lo mismo, me dice? Pensaba que eran «ritmos» emparentados (pruebe a pronunciar sin doble «rr»).

¿Se ha percatado de lo que sucede al desaparecer «algo» y «loga»? Nos queda «ritmo» (ahora sí pronuncie doble "rr") que, en buen hacer, debería ser el de cada cual porque, ya lo dijo Joan Manuel Serrat «cada quien es cada cual». No me hago ilusiones porque poetas, con música o sin ella, somos una excepción, casi una afrenta. Perdón por incluirme en el mismo epígrafe Mediterráneo.

Algo, loga.

También lago. Me siento más cercano del agua, de sus corrientes, de las olas que se crean, procrean y recrean desde la autodestrucción; de la ingobernabilidad.

ARRULLO

Un niño de once años
u otra edad cercana
abraza el sudario blanco
de su hermano menor
lo devuelve a la tierra
asesinado antes de que
aprendiera a jugar.
He visto su fotografía
en un periódico.
El muerto es muy pequeño
no conocía las letras
no sabía contar
pero tuvo tiempo
de pasar hambre
de ser bombardeado
de vivir sin casa
de oler la bala
latón y pólvora
nuncio de su muerte.
El vivo es menos pequeño
juega con escombros
porque la cuerda
de su cometa
se enredó en un misil
aprende sin maestro
come o no según el día
hoy acuna el cadáver
de su hermano
arropado
ausentando el escalofrío.

Recuerdo a mis hijas
arrullando sus peluches,

tengo que buscar
esa fotografía.

[julio 2024]

Los datos asustan la lectura. Sobresaltan y entristecen, pero esas reacciones son adornos de conocimiento. La verdadera función es, o debería ser, la tríada: reflexión-proposición-acción.

26.000 niños y niñas palestinos muertos o heridos en Gaza (recuento fechado en abril de 2024).
Save the Chlidren

460 millones de niños viven en guerra.
120.000 niños y niñas muertos o mutilados en guerras, y 105.000 niños y niñas reclutados como soldados entre 2005 y 2022.
UNICEF

En 2002 la Universidad Pontificia Comillas Madrid publicó un estudio titulado «Yo no quería hacerlo» en el que los niños y las niñas forzados a ser soldados en Sierra Leona se expresan a través del dibujo. Armas, muerte, mutilación, destrucción, pérdida en primera persona. Todo en trazos tan simples como contundentes, tan brutales como conmovedores.

Esta publicación (u otras del mismo corte) deberían ser de obligado visionado, especialmente para quienes se refugian en la destrucción del «prefiero no saber». Esas tres palabras son calificadas de «inaceptables» por José Saramago, prologuista del libro. Escribe Saramago:

«En África, ha dicho alguien, los muertos son negros y las armas son blancas. Sería difícil encontrar una síntesis más perfecta para la sucesión de desastres que fue y sigue siendo, desde hace siglos, la existencia en el continente africano».

COMEDOR ESCOLAR

Su madre
le había prometido
un plato de comida,
ese beso enjuga
su lágrima
y aleja el miedo
[la noche será oscura].

Es un niño migrante
    del hambre
    del dolor
y de una hermana
que no quiso nacer.

Se sienta al fondo.
Media nalga en el vacío
presta a escabullirse:
de un bombardeo
    del desierto
    del rechazo.

En su primer día
de escuela
se atrinchera
en un libro codificado,
empuñando un lápiz
de grafito hiriente
bala negra colorea
lo vivido y lo que llegará,
a partes iguales.

Desnudo de pan
pasa sigiloso ante

el juego,
  las miradas,
  el sueño rubio.
Su madre espera
en la puerta. Él no lo sabe.
Ella, no tiene donde ir.

[septiembre 2024]

El diccionario de la Real Academia de la Lengua no recoge la entrada «guerra de hambre». Sí habla en la cuarta acepción de la definición de guerra de «lucha o combate, aunque sea en sentido moral».

Desconozco si está previsto reflexionar la conveniencia de incluir lucha o combate, aunque sea en sentido material o directamente guerra de hambre.

Datos a considerar:

La pobreza infantil afecta al 28,9% de los niños y niñas en España, pero sólo el 11% del alumnado de educación obligatoria tienen beca de comedor.

El 6,9 % de la infancia española vive en hogares que no pueden permitirse una comida de carne, pollo o pescado, al menos, cada dos días.

En 2023, el 33,9 % de la infancia en España, es decir, más de 2,7 millones de niños, niñas y adolescentes, estaba en riesgo de pobreza y/o exclusión social.

Plataforma de Infancia

En España más de 1 millón de menores sin recursos no tienen beca de comedor.

Save the children

DECIR ADIÓS

Qué distinto es, decir
adiós
al cadáver de la niña
bombardeada,
a la madre nonagenaria
muerta en su cama,
a la mujer asesinada
por serlo y gritar basta,
al amante refugiado
en otra carne,
a la hija que parte
cada mañana,
a la flor ausente
de tierra fértil,
a la marea espesa
de detritus.
Ni en casa,
ni en la escuela
enseñan a decir: adiós,
tal vez aprenda
silencio y recuerdo.
La palabra adiós
es un diccionario de
acepciones y sentir.
Ira por la bomba,
tristeza por la madre,
cólera por la mujer,
melancolía por el amante,
esperanza por la hija,
preocupación por la flor,
incertidumbre en la marea.
Me propongo cursar
la enseñanza del adiós,
sé que es tiempo

de despedidas
y me gustaría escribir
la palabra
que signifique
adiós, en cada caso.
Comienzo por decir adiós.

[octubre 2024]

Decimos adiós con la palabra, con la mirada, con la mano, con el llanto. Tantas formas. Todas insulsas porque son gestos que ni acompañan ni cuidan ni consuelan. Llegan tarde. Decir adiós es un ritual intrascendente que nos pilla desprevenidos, de sopetón. Aparece en la puerta y no sabemos qué hacer y nos acomodamos a una gestión incómoda resumida en el laconismo «es lo que toca».

No hemos sido educados en el adiós.

No nos han explicado que se comienza a decir adiós al llegar. Que la despedida es un camino que debes transitar durante años y que no sólo te despides de la carne cercana. Que es satisfactorio recoger antes de irte, si eres tú el que se va, o ayudar a empaquetar a quien emprende viaje. Desconozco si es tarde para que los fantasmas dejen de tirarnos de los pelos.

¿A quién decimos adiós?

62 millones de personas murieron en 2024
Our world in data
¿A quién no decimos adiós?

132 millones de bebés nacieron en 2024
Our world in data

74

«GUERRAS ALIMENTARIAS»

En la radio alguien
ha hablado de una ensalada,
receta extraña a primera
hora de la mañana.
He buscado la fotografía
en el periódico
ansioso de testimonio,
de lechugas y tomates.
Y he visto berzas alineadas,
sembradas en frontera,
delimitando espacios inviolables,
separando tronchos y hojas
de esos muertos de hambre.
El nuevo manual agrícola
sustituye los golpes del azadón
por la oruga metálica
del carro de combate
para arar el surco del bancal.
Las semillas son racimos
bombardeados,
las patatas se recolectan
como bombas incendiarias,
hervidas en gasolina
en guerras de siempre,
siempre los mismos muertos.
Equidistancia
se pudren las berzas
mirando la inanición
de manos y pies abrasadas.
El hambre es un arma
meditada
que garantiza la victoria.

[noviembre 2024]

Los romanos utilizaban el hambre como arma de guerra. Y hasta hoy. Hay estrategas del corte de las líneas de suministro. Sería, más o menos, te ataco por detrás y te mueres de hambre, y sin comer no tienes fuerza para apretar el gatillo. Película de sesión doble, de los cines que ya no existen.

«Condena enérgicamente la práctica de hacer padecer hambre a la población civil como método de guerra en diversas situaciones de conflicto, prohibida por el derecho internacional humanitario».
Resolución 2417 Consejo de Seguridad de la ONU, aprobada por unanimidad el 24 de mayo de 2018.

Hasta 21.000 personas mueren de hambre al día en países en guerra.

Los 54 países en guerra concentran la casi totalidad de los 281,6 millones de personas que padecen hambre aguda.
Informe "Guerras alimentarias", Oxfam Intermón.

FIN [d] AÑO
(por abreviar)

Adiós mamá, me voy.

Mi hija lo anunció
con cuatro palabras escritas
en el cuaderno de clase
el día que las profesoras
no pudieron enseñar.
Coincidió con la jubilación
de su médica,
a la que nadie sustituyó.
La recuerdo mirando
una carta del juzgado
encabezada por la palabra
desahucio, aprendió
su significado el día
que una amiga salió
del barrio escoltada.
Sucedió cuando aún
no había sabido explicarle
por qué su abuela
murió sin despedirse
en una residencia,
ni por qué el miedo
desapareció con su padre:
hoy, doble alerta.
Me asomo a su dolor
con unas margaritas
silvestres entre las manos.
No está el monedero
para rosas.

La televisión informa

la orden de detención
de un genocida que
nunca será apresado.

[diciembre 2024]

Existen índices objetivos que expresan el número de personas que viven en situación de pobreza o en riesgo de exclusión social. Los hay a nivel mundial, europeo, nacional, por comunidades autónomas y por municipios. Incluso mapas interactivos que ofertan un porcentaje objetivado en parámetros obtenidos en fuentes oficiales. Acceso al empleo, la vivienda, la energía, nivel de renta... supongo.

¿Y los datos no objetivables? La compañera de colegio que desaparece subida en un carro de tiro cargado con cuatro aperos (es lo mismo que el actual vehículo de combustión, más lento lo que te permitía girar la cabeza y decir adiós con la mano) o la abuela que muere en soledad porque está en el pueblo y tú no (hoy diríamos geriátrico).

¿Cuáles son las consecuencias del abrazo perdido? Los contadores de abrazos no existen, los sepultó la gentrificación. Barrio, lo llamaban.

LUCES ALCALDABLES

Epilepsia fotosensible.
Me cuesta aceptarla
¿cuánto?, usted elija:
cálculo percápita
renta satisfecha
buchaca de testosterona
risa munícipe inmotivada
réditos alegres
borrachera desalcoholizada
cristales rotos
otravezyotrayotravezsinfin.

Pienso en la oscuridad
de los deberes sin hacer.
En las cuentas
engrasadas de bar
sumar y restar churretes.
En las palabras
enlutadas al capricho
de pabilo y viento
cadente caligrafía.

Azar de vela
quinqué dióxido,
el jilguero murió
y nadie alerta del grisú,
mudó la oquedad
al valle intemperie,
cambió de nombre
mata más, renovada
onda expansiva.

Vatios por millones

ocho mil ojos a oscuras
dos mil menores a oscuras
cuarta navidad
cuatro años sin luz:
Cañada Real Galiana
sectores cinco y seis.

[diciembre 2024]

Una niña toca la pandereta a oscuras. Un niño toca la zambomba a oscuras. Su abuela les contó un cuento luminoso. Sólo era un cuento, difícil de imaginar para quien habita lugares oscuros de nacimiento, para quien hace los deberes en una cafetería. Merienda: vaso de leche, galletas y algún vatio (por cuenta de la casa).

En otro lugar un cuchillo eléctrico corta un pavo de seis kilos. Corte limpio, carnoso. ¿Vehículos eléctricos para toda la flota municipal? Feliz Navidad. ¿A oscuras, me dice? ¿Cuatro años? Habrá que estudiarlo después de Reyes, cuando quiten las luces festivas.

NADA EMPIEZA, NADA ACABA

Convertí mi salón
en un campo de batalla
de palabras de sintagmas
inspiradas en "v"
verso y vértice plural.
Las palabras no hieren
son heridas
sufrientes y carnes
ambiguas
de noches afiladas
de mañanas romas,
o a la inversa (las mismas)
sangran y coagulan
son hemorragias adoptadas
desde la distancia
porque el mapa del tesoro
y la geografía fúnebre
se solapan.
Tendré que repensar
las guerras
ausente de victoria,
porque vencer no existe
tampoco la rendición
ni el armisticio,
son células durmientes
de asesinatos y abrazos.
Hoces herradas en espadas,
trigo muta tubérculo
nadie labra tierra
regada de incendio
aliento la ceniza
pulmón de carbonero
vida y muerte

ascua y grafito
palabra sílaba letra
silencio.

[enero 2024]

(k)coda

[La rueka vuela
hilos de kolores

entre
   v y v

        se koló
   k

kuriosa kasa konstruyeron

        kamina su gráfika

   vkv

   vvk

   kvv

los niños no   diskriminan

     no   delinken

     son   kómicos

     sin   pániko

la kometa teje
nubes kaídas]

ÍNDICE

Ediciones Vitruvio

Colección Baños del Carmen

Últimos libros publiocados:

Las flores del mal, de Charles Baudelaire

En mi cuaderno de viaje, de Carmen Maga

Declaración jurada, de Manuel E. Castillo

Siempre Domingo, de Pascual García

Escribir Silencio, de José A. Alfonso

Ciento cincuenta voltios, de David Alberti

Que nada se olvide, de Álvaro Fierro Clavero

Ayer es mañana, de José Elgarresta

Y ahora sorpréndeme, José Ramón Silva

Playa sin mar, de Eduardo Crespo

El mar mientras duerme, de Santiago Gómez Valverde

Madame Podeva, de Natalia Ruiz-Poveda

El hombre que alimentaba su alma, de Sergio Macías

A la tarde, de María Paz Otero

La ingravidez que somos, de Antonio Ríos

La ilusión del indulto, de David Minayo

El vigor, de Leonardo David Segado

Balcones azules, de varios autores

Música Rusa, de William Jonhsnton

El lenguaje del número, de Juan Pedro Carrasco

Doce voces, una voz, de Jaume Mesquida

Memoria del frío, de Ricardo Ruiz

Luces en la sombra, de María
José Pérez Grange

Esta es la noche, de Jesús Ayet

Vivo en la carretera, de Emilio
Alonso

Entre la herida y la sombra, de
Sonia María Riera Gata

Con el paso del tiempo, de
Elena de Jongh

Deja la vida en paz, de Pilar
Úcar

Hambre y sed de paraíso, de
José Ramón del Canto

Poemas dedicados, de
Encarnación Sánchez Arenas

Cajas, de Nieves Viesca

Entre dos mundos, de Julián
Borao

La sangre en dos orillas, de
Pablo Villa
Para saber que existo, de
Karlos Linazasoro

Esta es la noche, de Jesús Ayet